En el zoológico

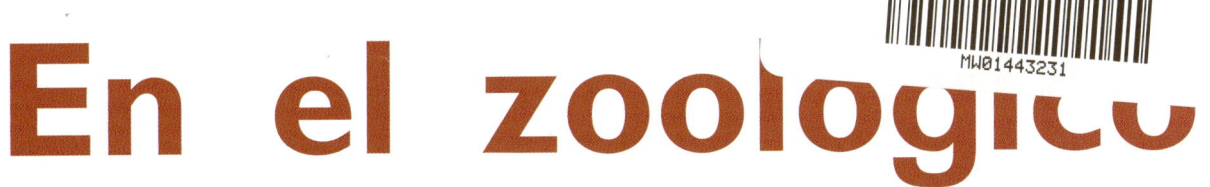

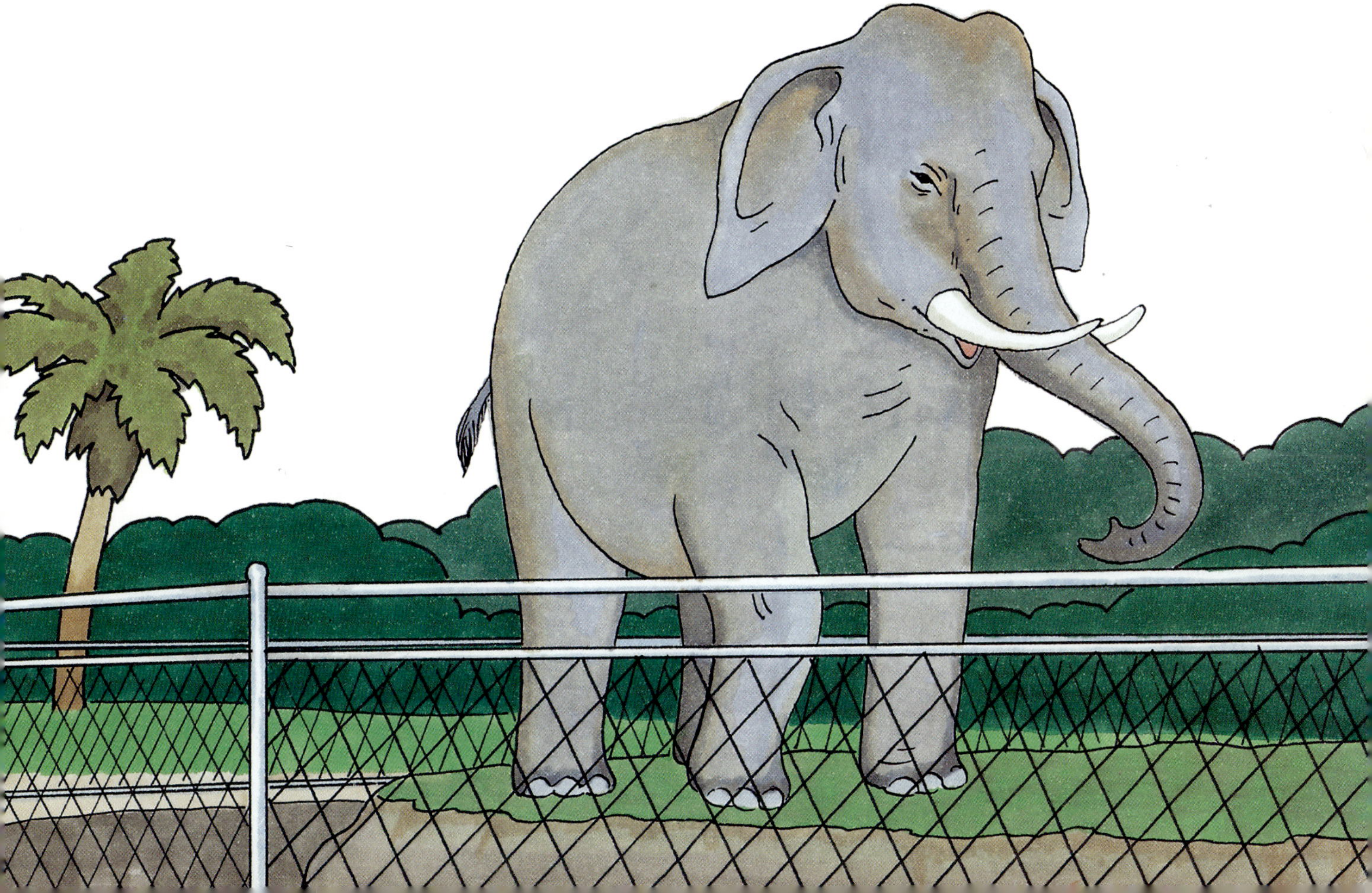

— ¡Ven aquí! — dijo Mamá.

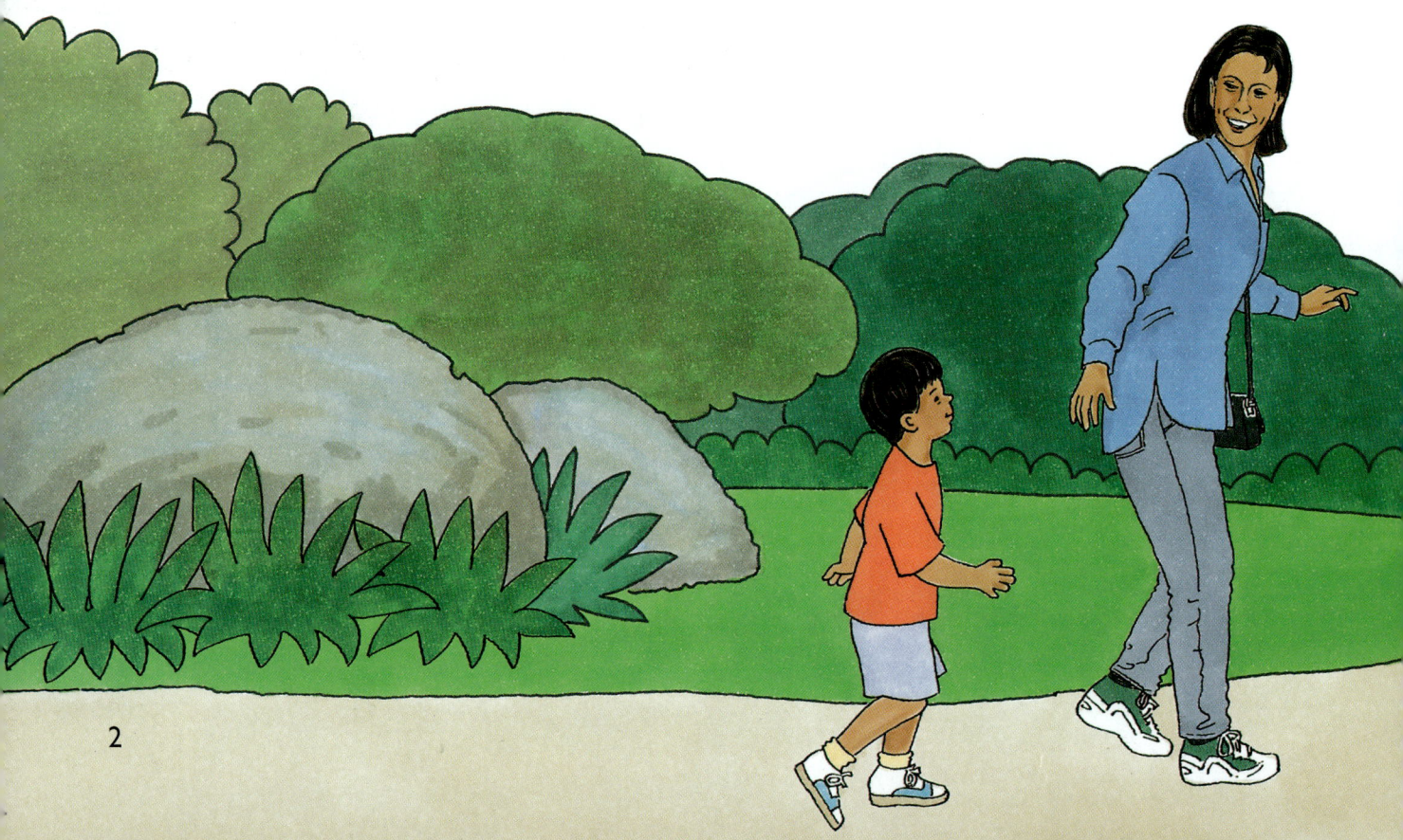

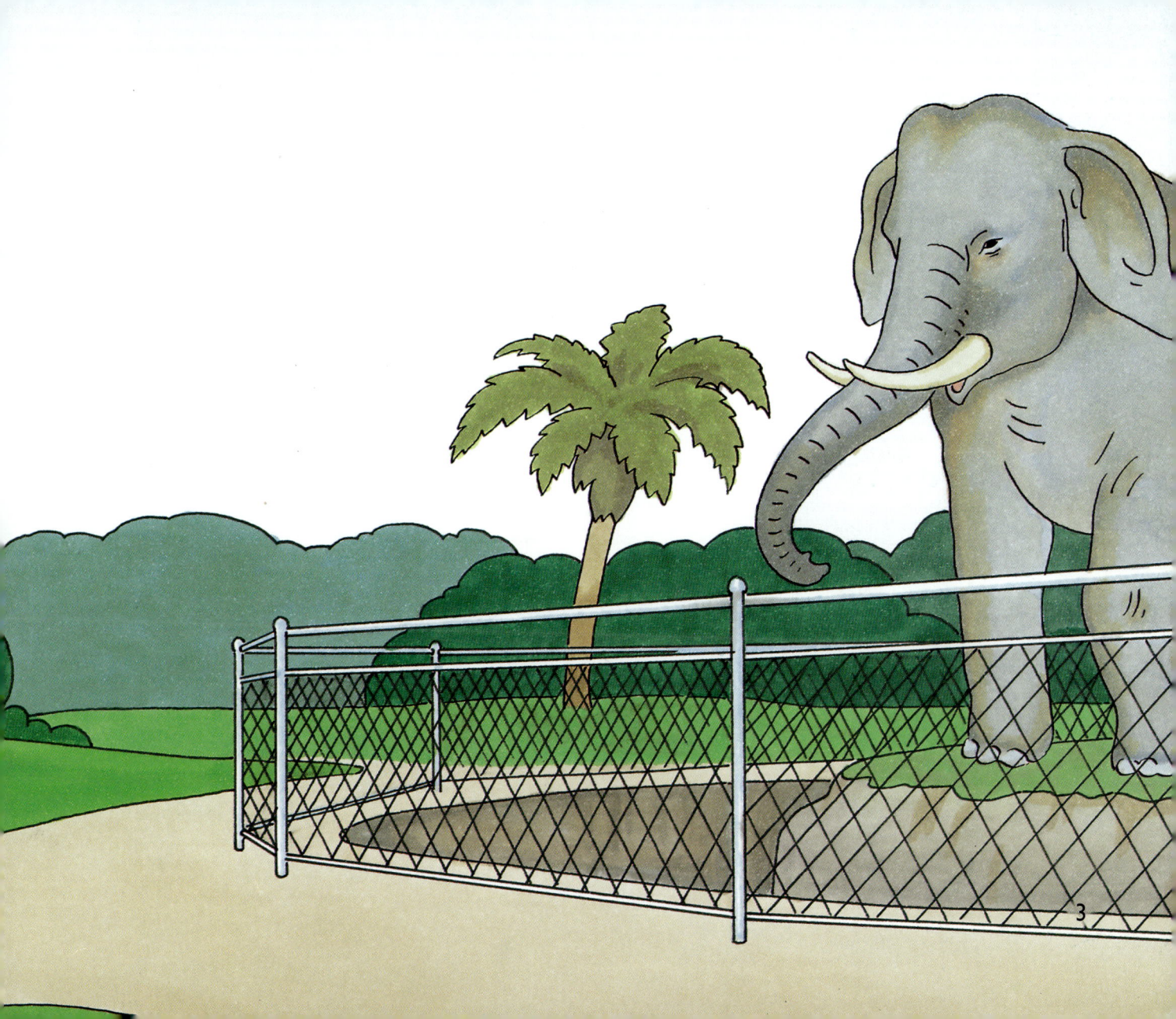

—Ven a ver

el elefante.

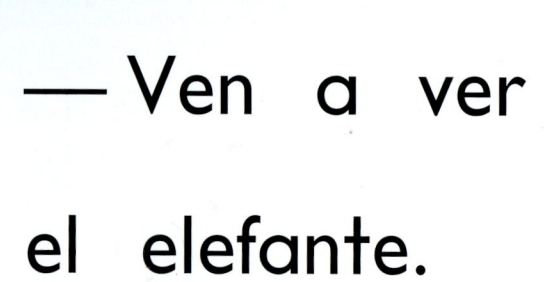

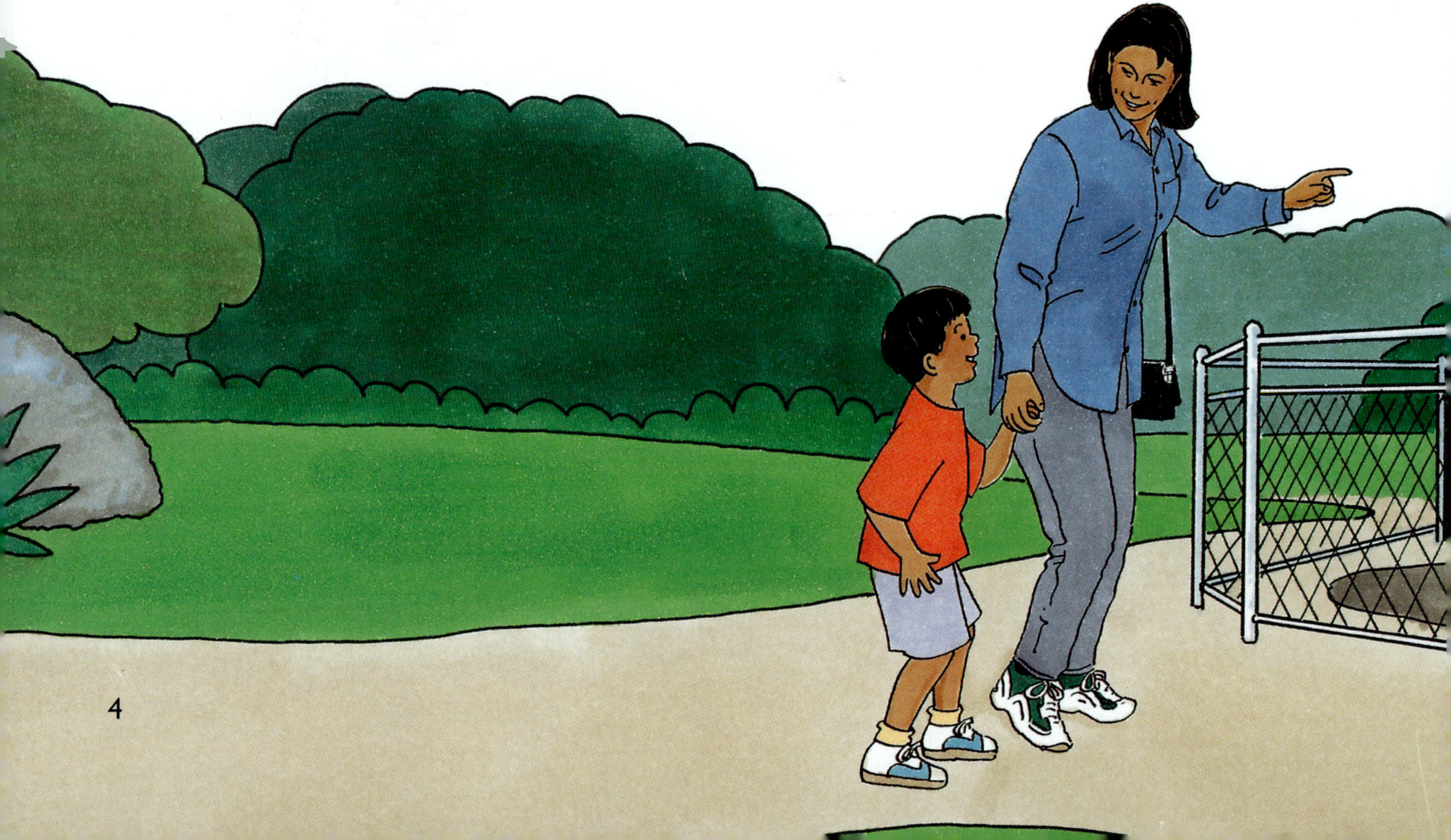

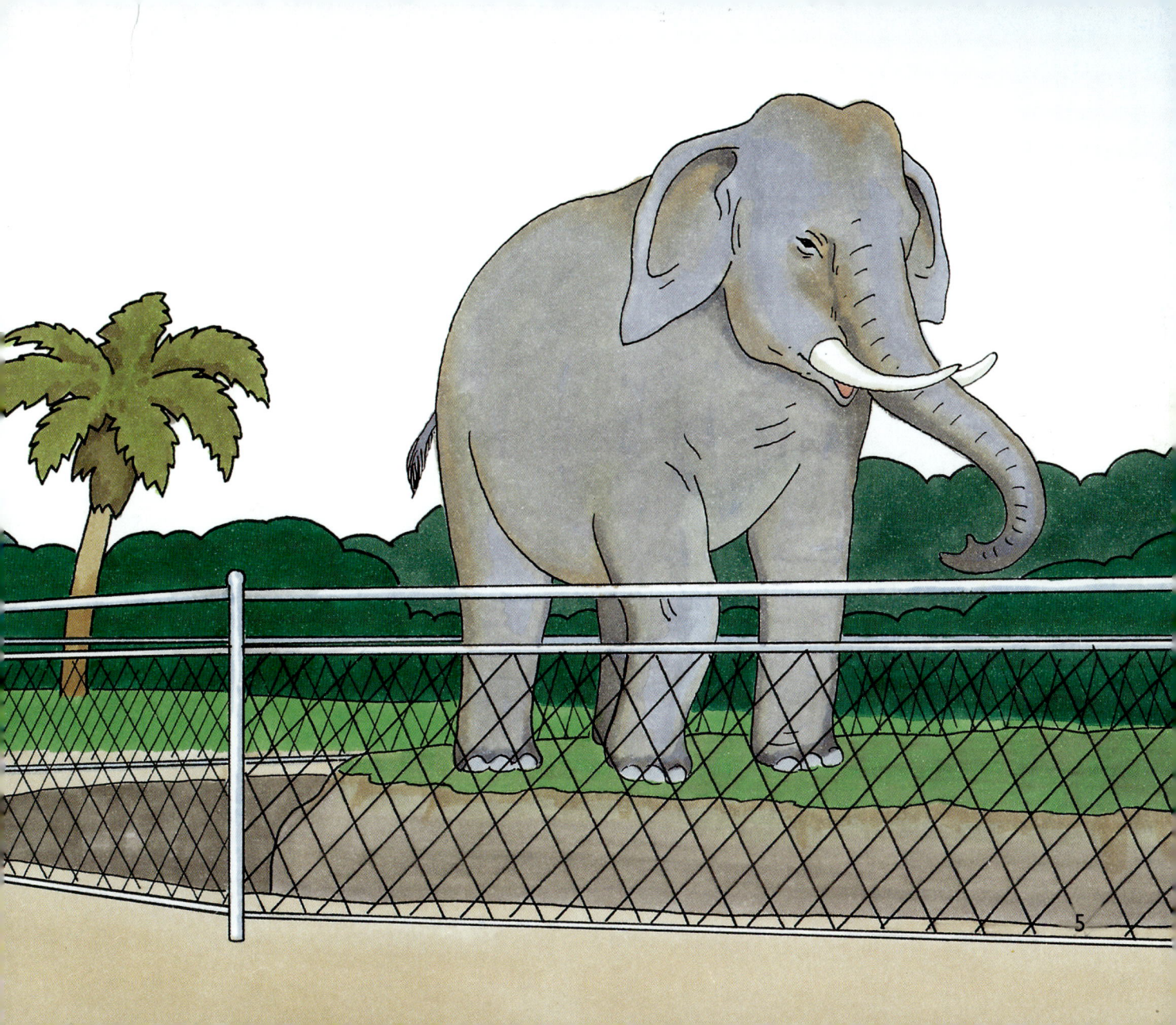

5

— ¡Ven aquí! — dijo Mamá.

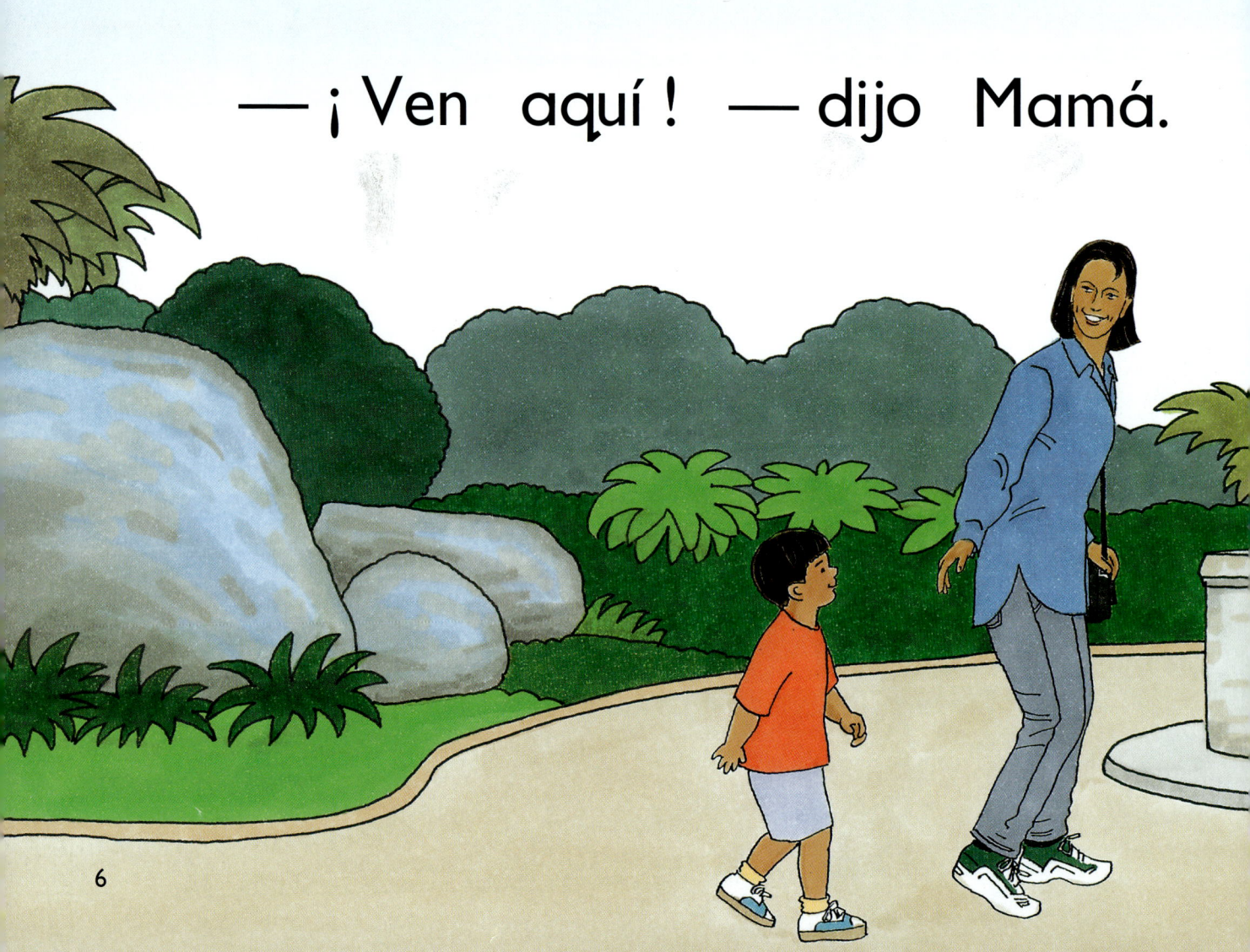

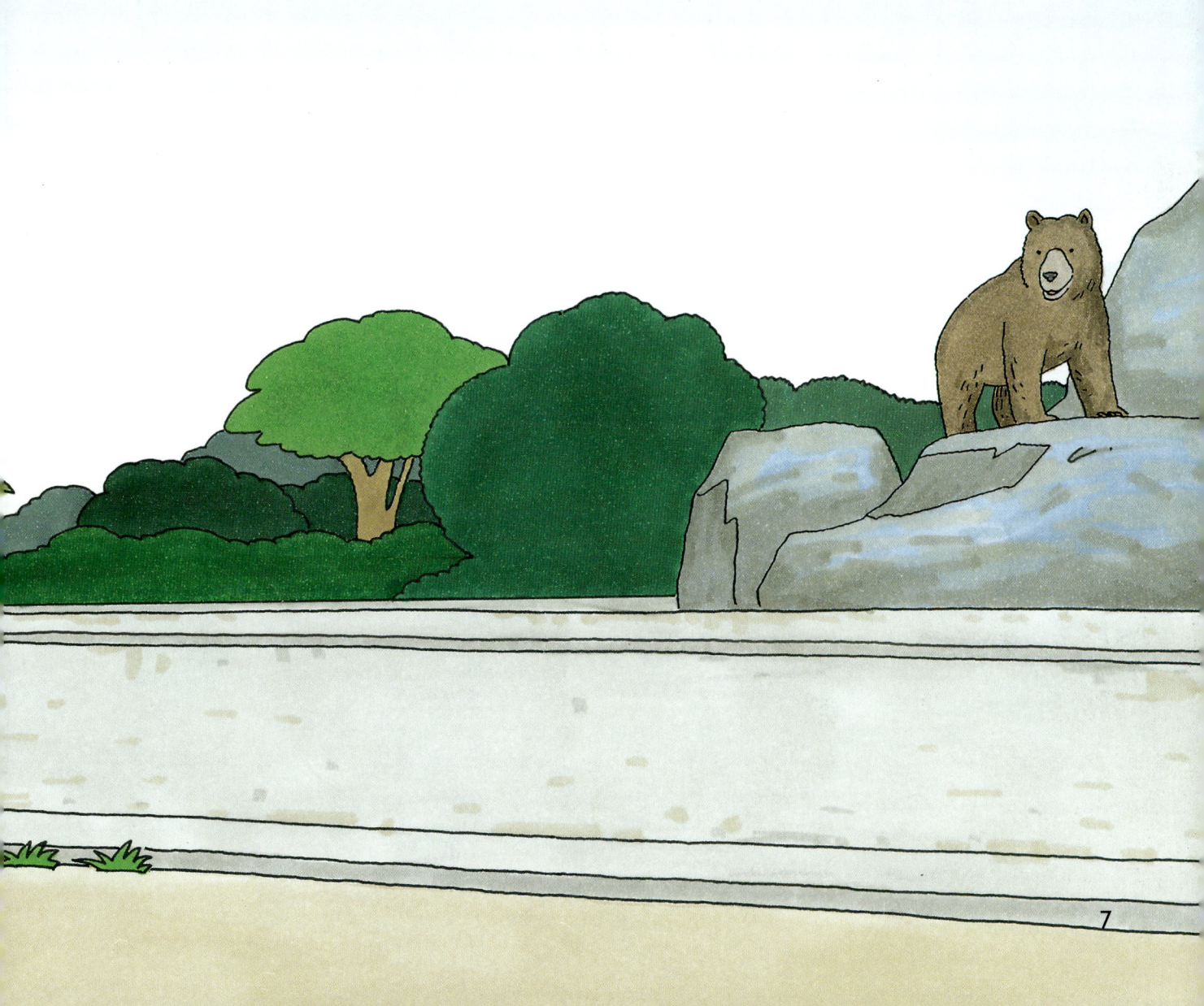

7

—Ven a ver

los osos.

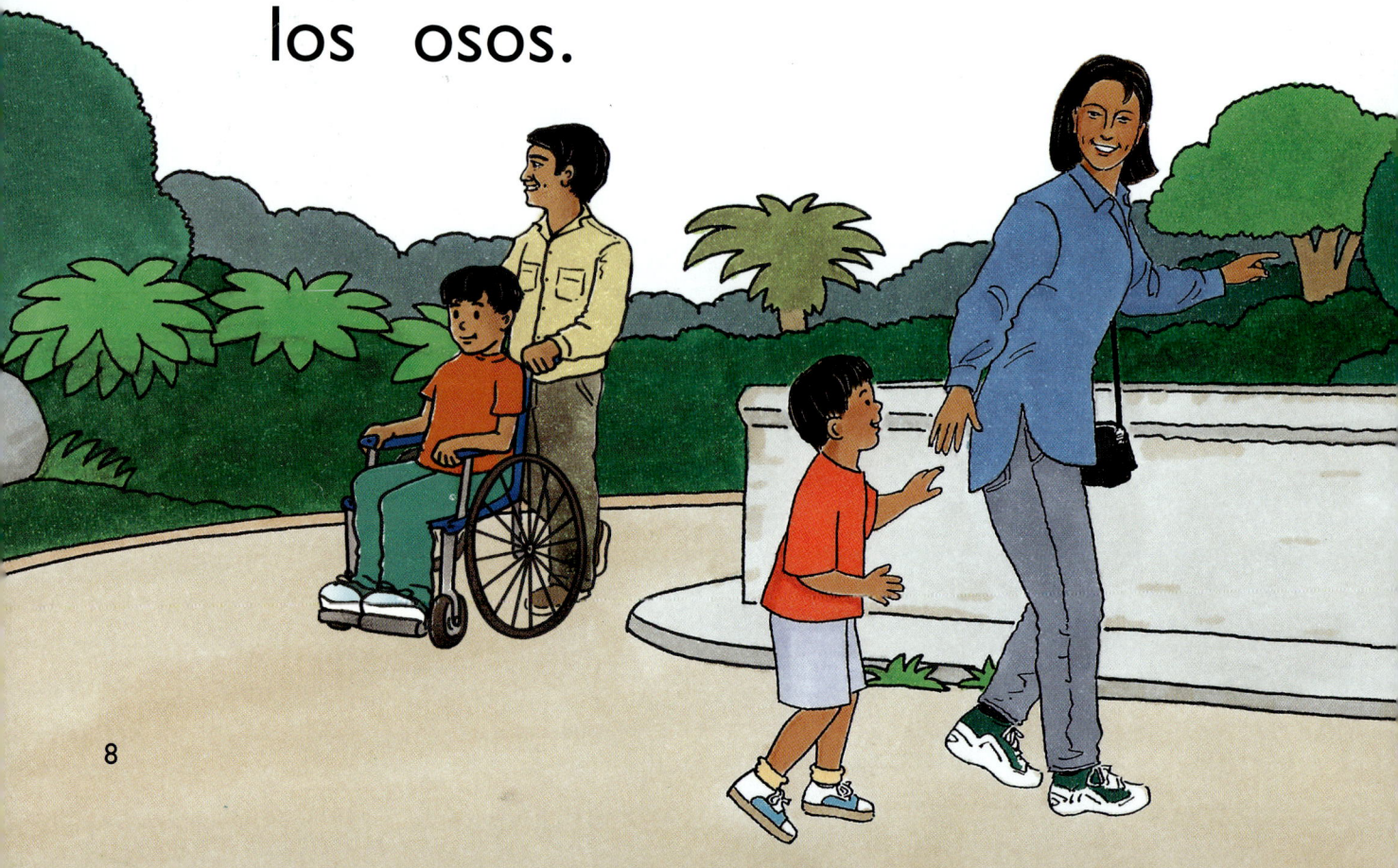

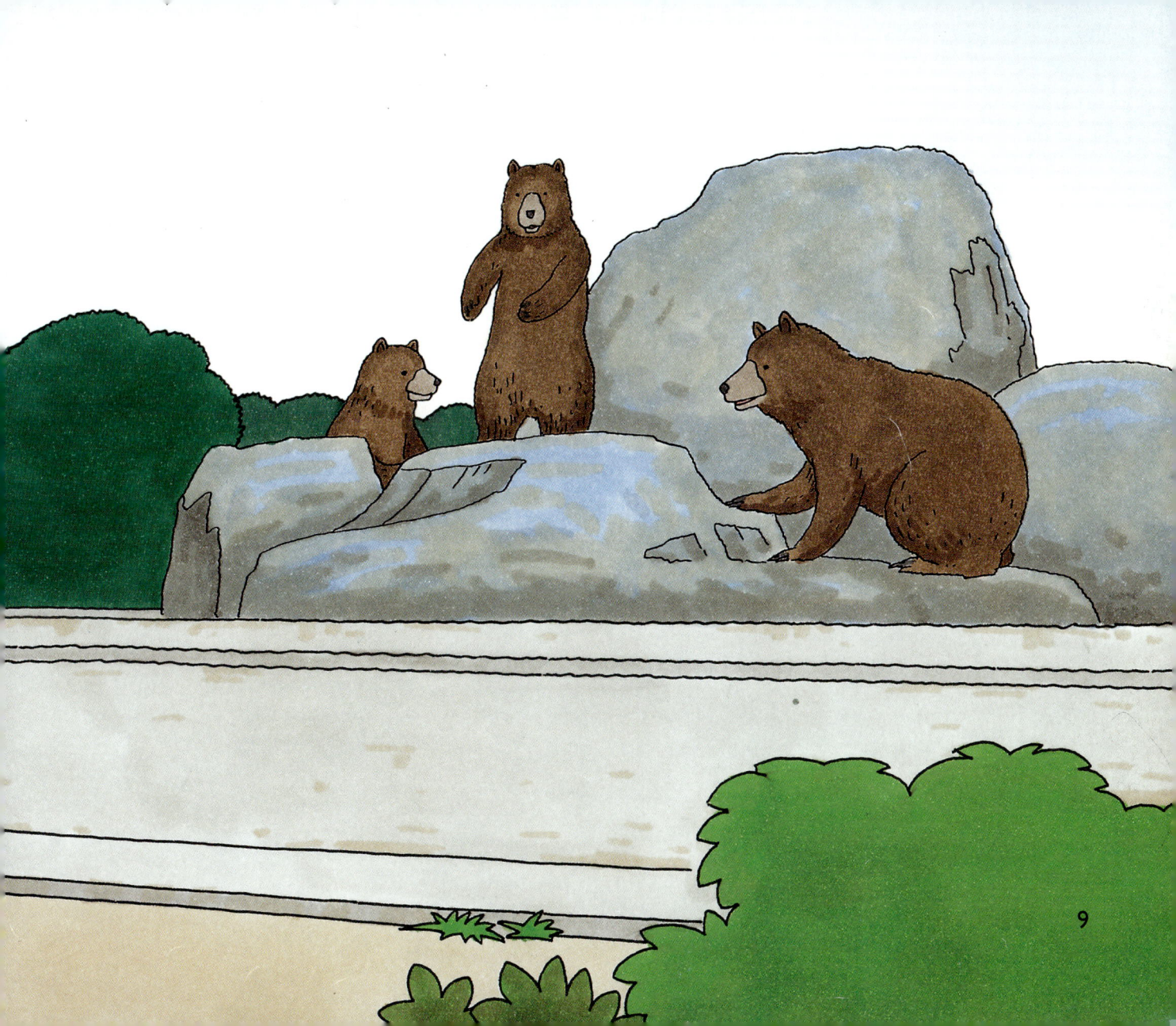

9

—¡Ven aquí! —dijo Mamá.

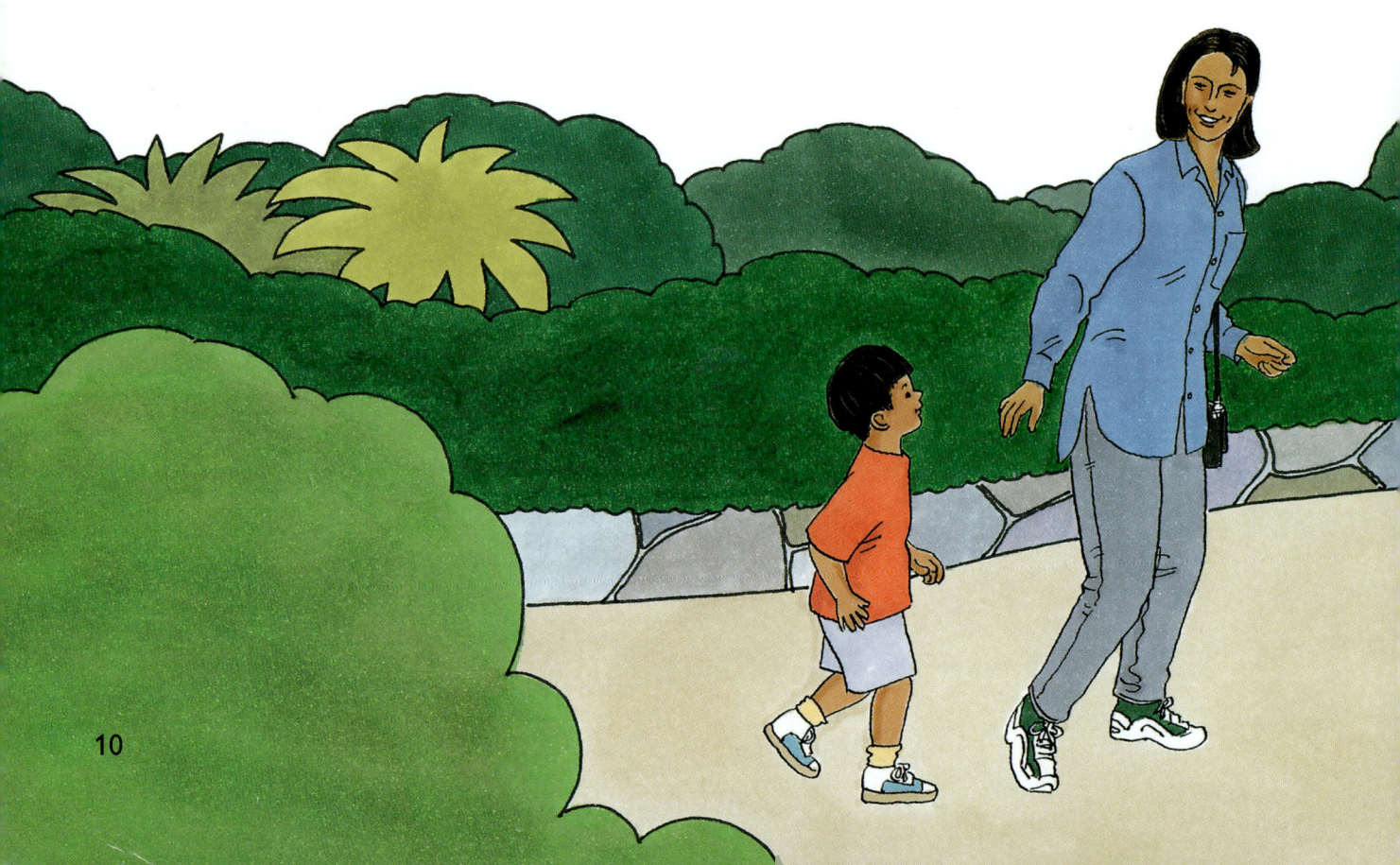

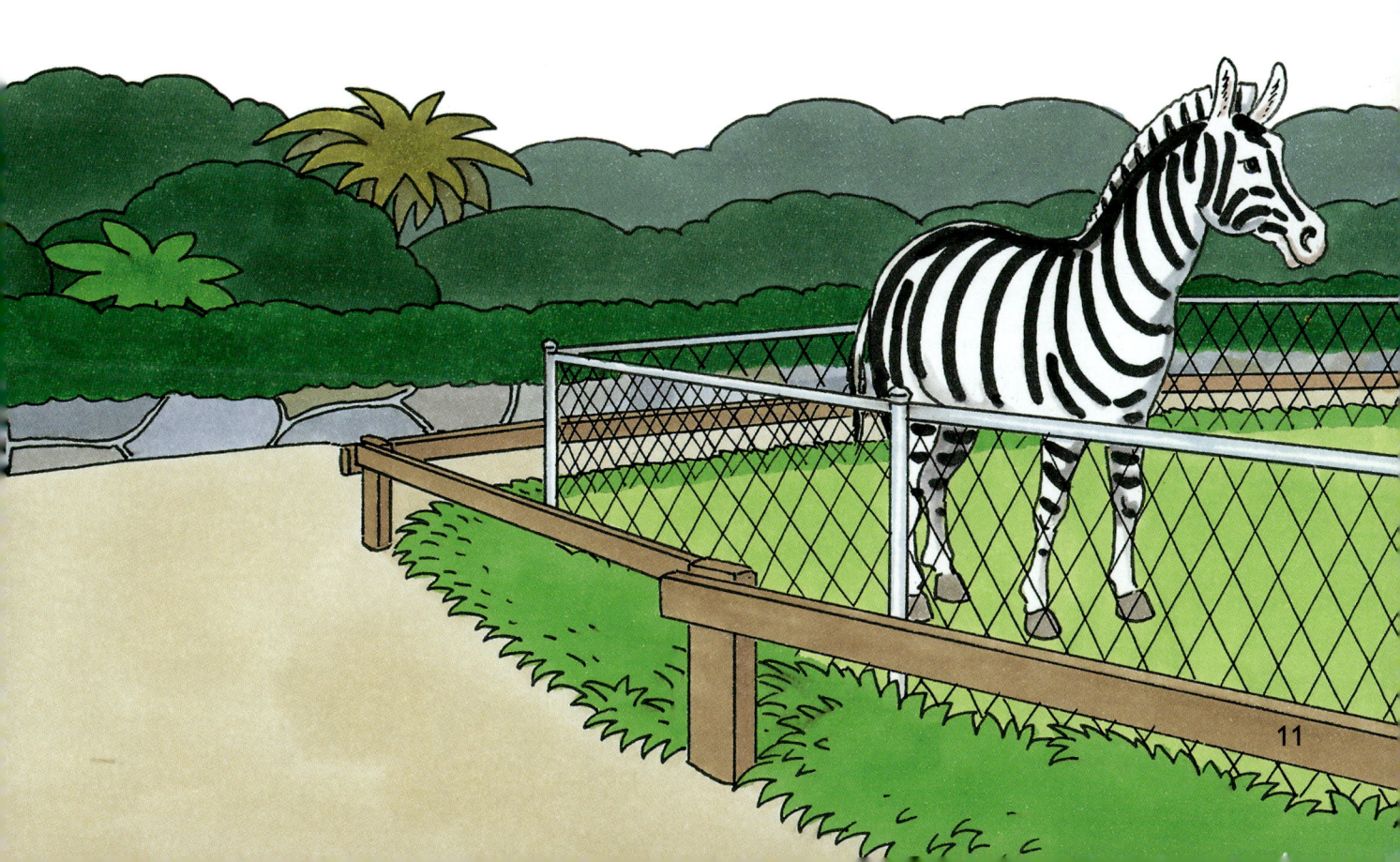

11

—Ven a ver

las cebras.

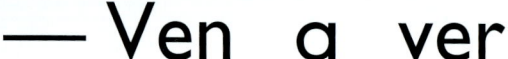

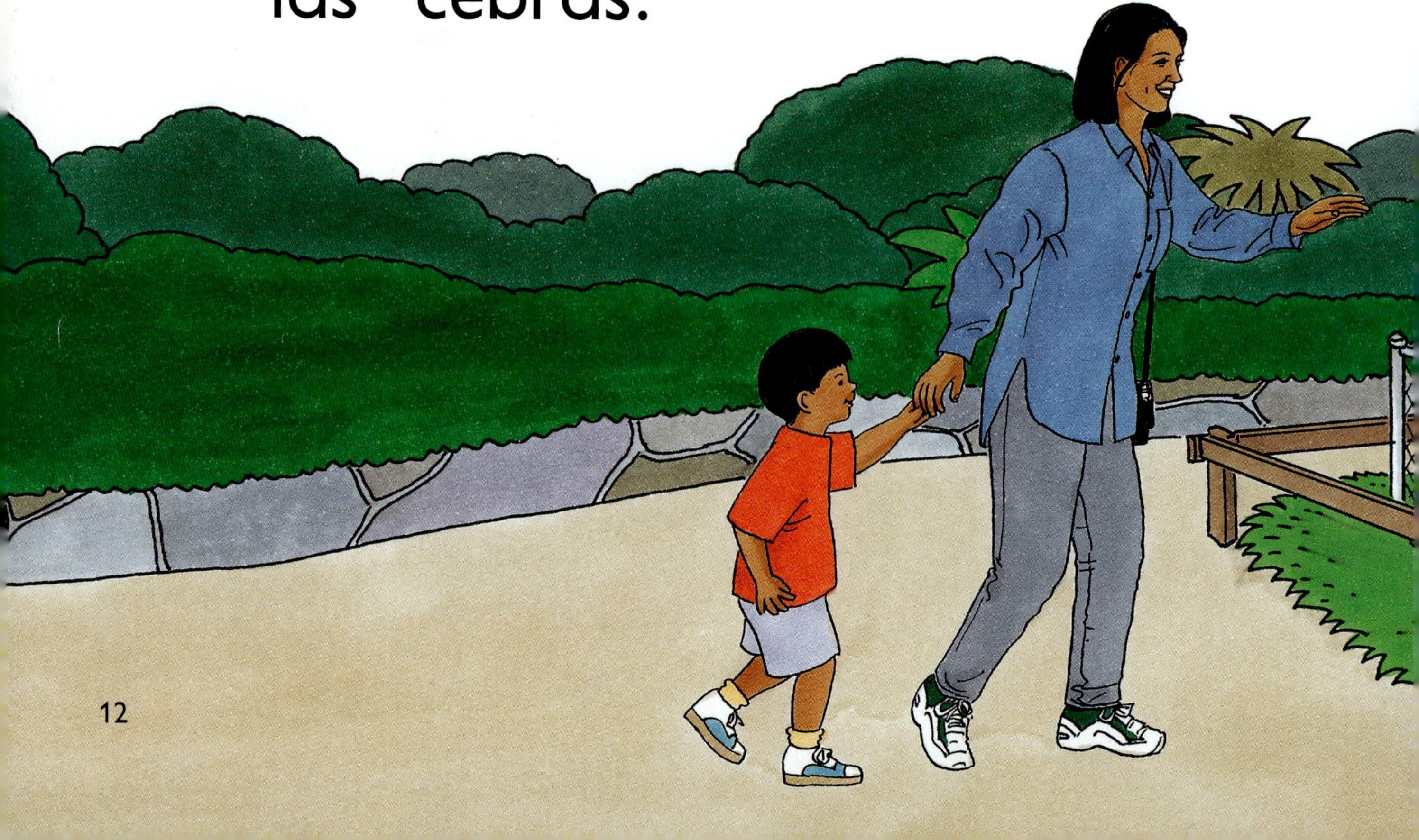

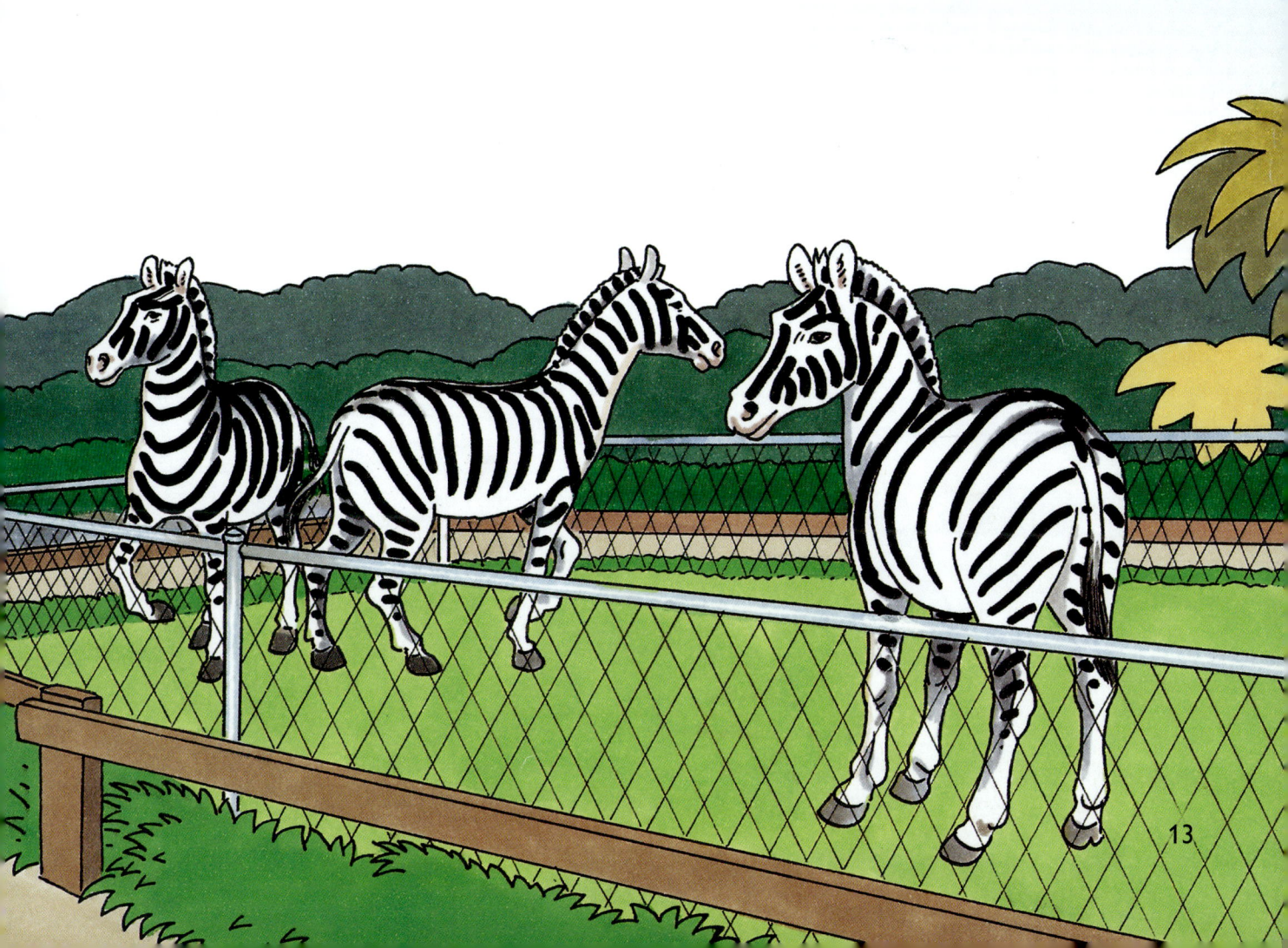

13

—¡Ven aquí! —dijo Mamá.

Ven a ver

los monos.

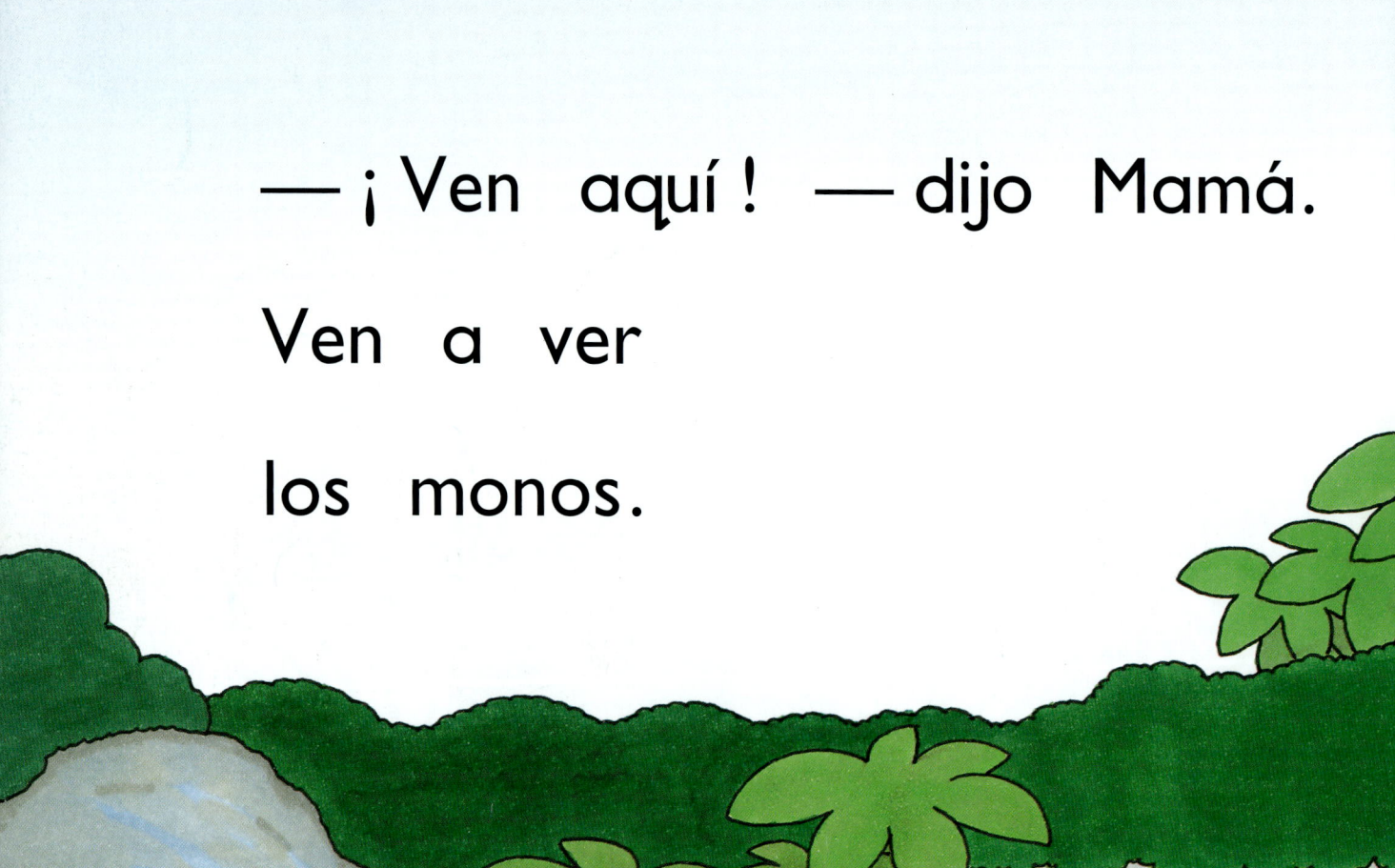

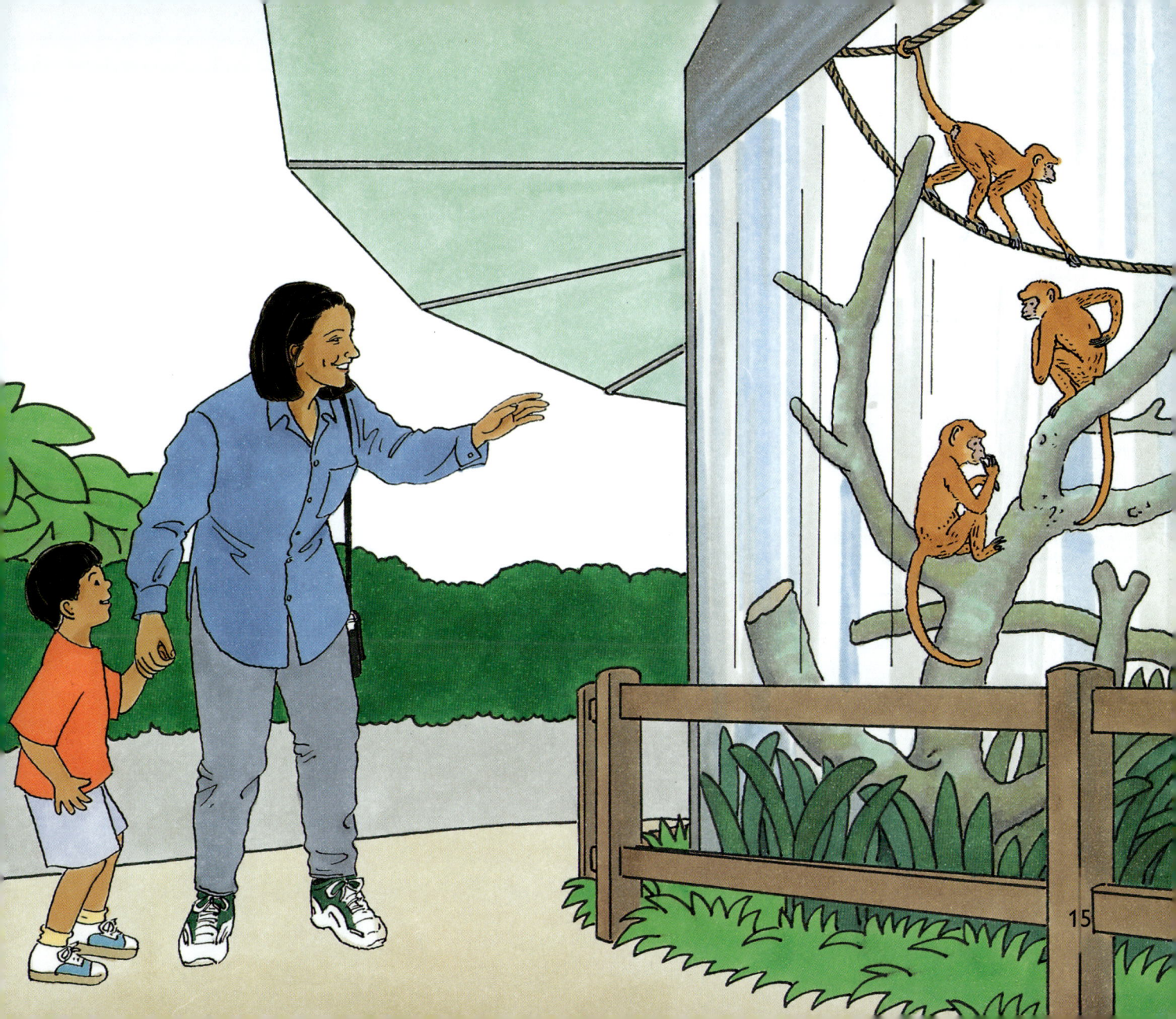

—¡Mira el **monito** !

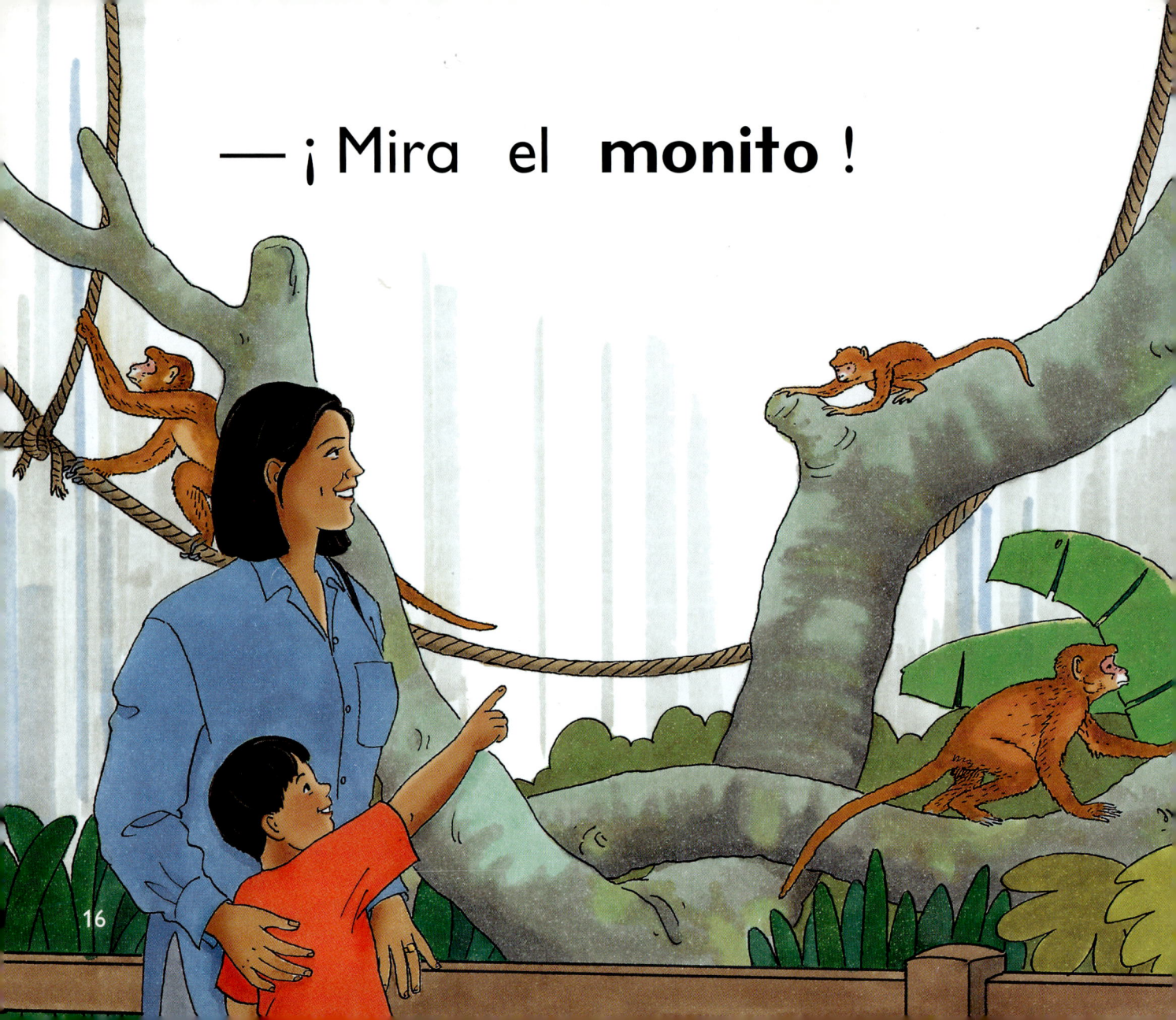